RESPONDIENDO
AL LLAMADO DE *DIOS*

40
Reflexiones
para
Descubrir
Tu Misión de Vida

ANA YAHELI
SÁNCHEZ QUESADA

Para otros materiales, visítanos en:
EditorialGuipil.com

© 2023 por Ana Yaheli Sánchez Quesada
Respondiendo al llamado de Dios
Todos los derechos reservados

Publicado por **Editorial Güipil**
Miami, FL - Winston-Salem, NC. Estados Unidos de América

Reservados todos los derechos. Ninguna porción ni parte de esta obra se puede reproducir, ni guardar en un sistema de almacenamiento de información, ni transmitir en ninguna forma por ningún medio (electrónico, mecánico, de fotocopiado, grabación, etc.) sin el permiso previo de los editores, excepto para breves citas y reseñas.

Esta publicación contiene las opiniones e ideas de su autor. Su objetivo es proporcionar material informativo y útil sobre los temas tratados en la publicación. Se vende con el entendimiento de que el autor y el editor no están involucrados en la prestación de servicios financieros, de salud o cualquier otro tipo de servicios personales y profesionales en el libro. El lector debe consultar a su consejero personal u otro profesional competente antes de adoptar cualquiera de las sugerencias de este libro o extraer deducciones de ella. El autor y el editor expresamente niegan toda responsabilidad por cualquier efecto, pérdida o riesgo, personal o de otro tipo, que se incurre como consecuencia, directa o indirectamente, del uso y aplicación de cualquiera de los contenidos de este libro.

Versículos bíblicos indicados con NVI han sido tomados de la Santa Biblia, Nueva Versión Internacional, NVI. ©1999 por Bíblica, Inc. Usado con permiso de Zondervan. Todos los derechos reservados mundialmente. www.zonderban.com.
Versículos bíblicos indicados con RV60 han sido tomados de la Santa Biblia, versión Reina Valera 1960. ©1960 Sociedades Bíblicas en América Latina; ©renovado 1988 Sociedades Bíblicas Unidas. Utilizado con permiso. Reina Valera 1960© es una marca registrada de la American Bible Society.
Versículos bíblicos indicados con NTV han sido tomado de la Santa Biblia, Nueva Traducción Viviente, © Tyndale House Foundation 2008, 2009, 2010. Usado con permiso de Tyndale House Publishers, Inc., 351 Executive Dr., Carol Stream, IL 60188, Estados Unidos de América. Todos los derechos reservados.
Nueva Biblia Latinoamericana de Hoy®, © Copyright 2005 by The Lockman Foundation, La Habra, California 90631, Sociedad no comercial

Editorial *Güipil*

Editorial Güipil. Primera edición 2023
www.EditorialGuipil.com

ISBN: 978-1-953689-62-7
Categoría: Vida práctica / Inspiración

Gracias a Dios, que nunca me suelta de su mano.

«El Señor es mi pastor, nada me faltará.»
Salmos 23:1

Dedicatoria

A mi familia, especialmente a mis padres, Mercedes y Agustín.

A mi amiga Judith, que con su gran don de discernimiento, siempre me aconseja a luz de la Palabra.

A la familia salesiana, en especial a las hijas de María Auxiliadora.

Contenido

Dedicatoria

Introducción 11

Día 1: No soy el centro del universo 15

Día 2: Lo esencial es invisible a los ojos 19

Día 3: La alegría, fuerza motivadora 23

Día 4: Una vida prestada 27

Día 5: Estamos de paso 31

Día 6: Estamos a prueba 35

Día 7: No somos nada 39

Día 8: Glorificando a Dios 43

Día 9: Confiando en Dios 47

Día 10: Dios, un amigo fiel 51

Día 11: La amistad se cultiva 55

Día 12: A solas con Dios 59

Día 13: De la mano de Dios 63

Día 14: Mi familia 67

Día 15: Dios, centro de las relaciones 71

Día 16: Soy parte del cuerpo de Cristo 75

Día 17: Todos nos necesitamos 79

Día 18: Soy comunidad 83

Día 19: Perdonando como Dios perdona 87

Día 20: Cuidando a mi familia 91

Día 21: Soy reflejo de Cristo 95

Día 22: Deja actuar a Dios 99

Día 23: ¿Qué terreno soy? 103

Día 24: Descansa en el Señor 107

Día 25: Superando la tentación 111

Día 26: Buscando ayuda 115

Día 27: Perseverantes en el Señor 119

Día 28: Llamados a servir 123

Día 29: Dando el *sí* 127

Día 30: Mi compromiso en la iglesia 131

Día 31: Correspondiendo a Dios 135

Día 32: Siervo de Dios 139

Día 33: Servidor de todos 143

Día 34: Fuerte en el Señor 147

Día 35: Mi llamado 151

Día 36: Dando testimonio 155

Día 37: Alma misionera 159

Día 38: Ser coherente 163

Día 39: El plan de Dios 167

Día 40: Lo que me aleja de mi propósito 171

Conclusión: Sé feliz 175

Acerca de la autora 179

Introducción

Respondiendo al llamado de Dios: Cuarenta reflexiones para descubrir tu misión de vida es una guía para el lector con el fin de ayudarle a descubrir el llamado de Dios en su vida. Espero que mis propias reflexiones sobre mi experiencia de Dios sirvan a otras personas a descubrir su propósito.

En un mundo tan secularizado, donde Dios ha pasado a un segundo plano y donde el hombre se aleja cada vez más de Dios, guiado por sentimientos de odios e intereses personales, nace la necesidad de llevar un mensaje de esperanza que sirva como testimonio a las personas, con el fin que descubran que, a pesar de las dificultades, Dios tiene un propósito para nuestras vidas y nunca lo abandona ni nos suelta de Su mano. Este mundo tan polarizado necesita descubrir que Dios es fiel a Su promesa y que, solo nuestra relación íntima con Él nos llevará a una transformación renovadora de nuestras propias vidas.

El fin de este libro es llevar un mensaje de fe al mundo. Si ese llega a transformar la vida de cada lector, yo estaré entonces cumpliendo con mi llamado, ese llamado que me lleva a anunciar la buena nueva usando el talento que Dios me ha dado al servicio de mis hermanos. De la misma manera, espero que mis lectores usen sus talentos y cada don recibido de Dios para cumplir con el llamado que Él les ha hecho y lleven también un mensaje de fe a sus hermanos.

Durante cuarenta días de reflexión, este libro te ayudará a descubrir tu misión de vida, a consolidar tu relación con Dios y a restaurar tu relación con las personas que te rodean a través de la lectura de la Palabra y la oración diaria. En el libro encontrarás versículos bíblicos y reflexiones personales que te servirán de guía para aplicar a situaciones concretas de tu vida.

DÍA 1
NO SOY EL CENTRO DEL UNIVERSO

«Confía en Yahvé sin reserva alguna; no te apoyes en tu inteligencia. En todas tus empresas tenle presente, y él dirigirá todos tus pasos.»
Proverbios 3:5-6

No soy el centro de mi vida. Eso me queda claro. Hace mucho tiempo que vivo mi vida centrada en Dios. Lo que me hace vivir para y por Él. Tener a Dios como centro me ha permitido florecer. Él ha sido el jardinero de mi vida. En sus manos, soy una flor que adorna y perfuma todo a su alrededor.

Recordar que la vida consiste en vivirla para Dios me ha llevado a sensibilizarme con mis hermanos. Hace unos días, un cliente al cual había ayudado y que apenas recordaba, se acercó para agradecerme y me dijo:

— Tú estás hecha para ayudar, para servir.

El comentario me hizo reflexionar sobre mi propia misión de vida. Por mucho tiempo he sentido que no es donde estoy donde quiero estar. Mi misión de vida, servir a los demás, me pide que amplíe mis horizontes en este universo sin límites.

Ayudaba a otros, pero era tan mezquina que siempre esperaba algo a cambio. Me sentía deprimida cuando las personas se alejaban sin agradecer. Solo me enfocaba en lograr mis metas, sin pensar, en verdad, en el propósito que tenía Dios para mí. Hasta que comprendí que dar es mucho más que eso. Nuestro Señor se entregó por nosotros en la cruz y ¡cómo le pagamos! A veces nos olvidamos de su entrega desinteresada. Aun así, Él nos continúa amando.

Agradezco al Señor que me ha permitido vivir una vida centrada en Él. Dios es el único que me fortalece. Lo más que puedo hacer para recordar que la vida consiste en vivirla para Él es hacer Su voluntad. Dejar que el alfarero edifique mi vida. ¿Estás dispuesto a que Dios sea el alfarero de tu vida?.

ORACIÓN

Señor, no permitas que me aleje de ti ni que el egoísmo invada mi vida. Quiero que seas el centro de mi vida, que tú, Señor, dirijas mis pasos.

RESPONDIENDO AL LLAMADO DE DIOS

Mi reflexión

DÍA 2
LO ESENCIAL ES INVISIBLE A LOS OJOS

«Nosotros, pues, no nos fijamos en lo que se ve, sino en lo que no se ve; porque las cosas visibles duran un momento, pero las invisibles son para siempre.»
2 Corintios 4:18

Vivir centrada en mí solo me llevaba a verme como un ser con defectos. ¡Son muchos los que tengo!, ¡sobre todo los físicos! Esta actitud no es buena. Cuando me enfocaba solo en mis defectos, me comparaba con otras mujeres. En ocasiones, llegaba a sentir envidia por no ser como ellas. Al cambiar la perspectiva y comenzar a vivir una vida centrada en Dios me dije: «Soy una mujer afortunada, soy una hija amada de Dios. El Señor, que me creó con defectos, me ama tal como soy. ¿Por qué no amarme a mí misma?».

He comenzado a amar mi delgadez, mis senos pequeños, mis pies deformes y hasta mi mal carácter. En fin, he comenzado a amar ser mujer. Antes vivía con complejos, pensando que los hombres no se acercaban a mí por mis defectos físicos. Lo que hacía era condicionarme al estereotipo de mujer bella que tiene hoy la sociedad. Hasta que comprendí que soy más que un estereotipo. Lo primero que hice fue dejar de luchar contra lo negativo de mi personalidad y mi aspecto físico.

Lo mejor que me ha podido suceder es aceptar esta realidad y no luchar contra ella. Debemos entender que no se puede cambiar de un día para otro, todo es un proceso.

El aspecto físico no puede condicionar la mente de un hombre para quererte. El hombre que se enamore de lo físico, sin valorar la belleza interna, no te merece. Dios nunca te pedirá que cambies tu esencia porque Él te ha creado con un propósito. De *El principito* aprendimos que lo esencial es invisible a los ojos. Cuando se vive una vida centrada en Dios, te dejas llevar por lo esencial, eso que el ojo humano no puede tocar con una simple mirada.

ORACIÓN

Obra tuya soy, Señor. Me creaste con propósito. Gracias, Señor, por la obra perfecta que soy ante tus ojos. Señor, no permitas que el juicio y la comparación con mis hermanos opaque el propósito para el cual me has creado.

Mi reflexión

DÍA 3
LA ALEGRÍA, FUERZA MOTIVADORA

«La luz de los justos es alegre,
la lámpara de los impíos se apaga.»
Proverbios 12:9

Doy gracias a Dios porque me ha dado el don de vivir una vida centrada en Él. Cuando me desvío de mi centro lo reconozco enseguida. Comienzo por dejarme llevar por mi mal genio, no contesto con amabilidad y las personas a mi alrededor me lo hacen saber enseguida. No somos perfectos. Las personas esperan lo mejor de ti, así que al primer desliz te criticarán, más aún si eres cristiano.

Una de las cosas que me caracterizan es la alegría. En el momento que escribo este capítulo, recibo el mensaje de un amigo que aparece en mi vida por temporadas y cuando lo veo apenas podemos cruzar palabras. Pero en su mensaje me dice:

ME HACE ILUSIÓN SIEMPRE QUE TE VEO. QUÉ ALEGRÍA Y VITALIDAD GENERAS.

Tengo la capacidad de reírme de los malos momentos.

En la historia que comparto en el libro *Testimonio de fe*, su victoria en mí, cuento cómo mi amiga Andrea, en ocasiones, me pregunta si no tengo problemas.

—¿Qué ser humano sobre la tierra está libre de problemas? —le pregunto siempre.

Ella sabe que lo que me diferencia de aquellos que llevan sus problemas con agobio es que yo los pongo en manos de Dios con mucha alegría. Solo Él tiene el control de mi vida.

La motivadora y comunicadora Mabel Katz dice en sus conferencias, que el problema no es el problema sino cómo reaccionamos al problema. En mi caso, reacciono con serenidad y alegría. Puede que de momento me veas contrariada, pero la paz vuelve a mí cuando analizo que Dios está en control. Por eso me esfuerzo en ser la mejor versión de mí y me dejo llevar por la fuerza transformadora de la gracia divina. Estoy convencida de que mis familiares y amigos están conscientes de ello.

ORACIÓN

Querido Dios, que la alegría sea la fuerza motivadora que guie siempre mi vida. No permitas que la tristeza me robe la paz.

Mi reflexión

DÍA 4

Una vida prestada

«Hay un tiempo para cada cosa,
y un momento para hacerla bajo el cielo.»
Eclesiastés 3:1

Vivir para siempre significa que nuestra vida ha sido programada para no extinguirse. Para muchos, la muerte es el final. Para los cristianos, creyentes en la resurrección, la vida comienza más allá de la muerte. Los cristianos tenemos la convicción de nuestro encuentro definitivo con Dios después de la muerte. Mi reto, como criatura creada para siempre, es dejar de tomar mi vida por sentada.

El ego nos traiciona a todos. Nos traiciona a ti y a mí. En ocasiones pecamos de soberbios y pensamos que nunca vamos a morir en esta vida que nos han prestado. Vivimos la vida como si lo mereciéramos todo.

Convertirme en la mejor versión de mi persona es lo que debería comenzar a hacer en este mismo momento. Esto significa comenzar a vivir esa extensión de mí, que desde ya disfruta ese encuentro con Dios en este espacio de vida temporal.

En uno de los artículos de mi blog hablo sobre el efecto que causó la COVID-19 en el planeta. Un virus entró en nuestras vidas, y el planeta aparentemente quedó paralizado. Digo aparentemente pues la Tierra nunca dejó de girar alrededor del Sol. La actividad humana se detuvo. El reloj humano se detuvo, pero el tiempo de Dios continuó su ritmo. El miedo se apoderó de nosotros. Nos vimos confinados en nuestras casas. Muchos perdimos familiares y amistades queridas. Esto nos llevó a la reflexión. Nos dimos cuenta de que nuestras vidas están prestadas. ¿Qué aprendimos?

El confinamiento enseñó a hacer una parada para reflexionar sobre lo que estaba mal en nuestras vidas. Comprendí que vivir para siempre es vivir para Dios. Vivir para Dios implica que tendría que despojarme del hombre viejo que hay en mí. Dejar mi viejo yo y revestirme de la vestidura de nuestro Señor Jesucristo.

ORACIÓN

Señor, hazme dócil a la acción del Espíritu en mí. No permitas que el ego me convierta en una persona orgullosa y soberbia. Enséñame a dejar mi viejo yo atrás y ayúdame a revestirme del hombre nuevo.

Mi reflexión

DÍA 5
Estamos de paso

«Mi morada es arrancada, se me arrebata como tienda de pastor. Enrollo como tejedor mi vida, del hilo del tejido me cortaste. De la noche a la mañana acabas conmigo.»
Isaías 38:12

Del capítulo anterior aprendimos que tenemos una fecha de expiración. Esto lo aprendí de un sacerdote al hacer referencia a la muerte en sus homilías. Un tema que, hasta los cristianos, le tenemos cierto temor. Tememos a la muerte porque en la carrera de la vida, es una asignatura que apenas se enseña. Decimos ser seguidores de Jesús, sin tener fe en Sus promesas. Juan 6:51 nos recuerda esa promesa del Señor:

«Yo soy el pan vivo, bajado del cielo. Si uno come de este pan, vivirá para siempre.»

Estamos de paso por esta vida. Todo acá es pasajero.

Cuando era pequeña me fascinaba el cuento de *La Cenicienta*. Quedaba maravillada con la agilidad que el hada madrina transformaba todo. Un, dos, tres y los ratones se convertían en caballos, las calabazas en carrozas; y Cenicienta en una bella dama. Pero quedaba muy triste cuando llegaba la parte en que toda esa ilusión desaparecía a la medianoche. Cenicienta estaba consciente de que su momento era temporal, que todo lo que estaba viviendo era una ilusión que terminaría a la media noche. Nuestra vida es eso: una ilusión que deberíamos vivir sabiendo que en algún momento terminará para pasar a una mucho mejor, una vida que no termina en el tiempo porque es eterna.

Tengo un amigo muy querido que estuvo al borde de la muerte debido a la COVID-19. Tras cuatro meses en coma, fue sometido a un trasplante doble de pulmón. Su testimonio de fe se ha convertido en un referente para mí. Su familia es un libro abierto, es como una fuente a la cual puedes acudir y nutrirte de amor auténtico. Agradezco al Señor que los haya puesto en mi camino. Cada día me recuerdan mi vulnerabilidad ante la muerte.

ORACIÓN

Permite, Señor, que, a la luz de tu Palabra, pueda yo descubrir lo duradero de esta vida.

RESPONDIENDO AL LLAMADO DE DIOS

Mi reflexión

DÍA 6

Estamos a prueba

«Hay crisol para la plata y horno para el oro,
pero Yahvé es el que prueba los corazones.»
Proverbios 17:3

Existe una fábula que cuenta que alguien se quejó frente a Dios por su cruz tan pesada. Dios, en su infinita misericordia, se la quitó y le dio a escoger otra. El individuo no sabía qué elegir ante tantas cruces hermosas, diversas en tamaño y modelos. Entonces, se decidió por la que creía él que podía llevar con ligereza, la más pequeña. Se la puso en la espalda y no pudo con ella, cayó en pie y se dio cuenta de que no importa el tamaño de la cruz, todas estaban hechas a la medida del portador. El individuo pidió su pesada cruz, pero que podía llevar con mucha ligereza.

El Señor nos pone a prueba. Constantemente estamos siendo probados. En la prueba se mide nuestra fortaleza de espíritu. Nuestra fidelidad a Dios se mide en los momentos difíciles. «¿Por qué a mí?», siempre preguntamos cuando sucede algo que creemos no merecer. Si Dios no pusiera pruebas en nuestro camino, no tendríamos manera de fortalecer nuestro espíritu. Siempre he tenido claro que Dios nunca me pondrá una prueba que yo no pueda soportar.

Santa Teresa de Jesús decía: «Con Él, todo; sin Él, nada». Lo que nos refiere a que, si ponemos nuestra fe en Dios, toda nuestra vida tendrá sentido y lo sabremos llevar con la alegría que caracteriza a un cristiano.

Recientemente, el Señor puso a prueba mi integridad y lealtad. Por esas cosas de Dios, fui llamada a ser testigo en un caso en el que nunca estuve presente. Quedé sorprendida cuando me presentaron los hechos y a las personas involucradas. Solo dije la verdad. Sabía que había personas actuando de mala fe y que mi integridad y valores estaban siendo probados.

ORACIÓN

Señor, que tu Santo Espíritu me fortalezca en los momentos de pruebas.

Mi reflexión

DÍA 7

No somos nada

«Oh Señor, nuestro Dios, ¡qué grande es tu nombre en toda la tierra! Y tu gloria por encima de los cielos.»
Salmos 8:2

La gloria de Dios se muestra en toda Su creación. El salmista, el Salmo 8, alaba la obra creadora de Dios:

«Al ver tu cielo, obra de tus dedos, la luna y la estrellas que has fijado, ¿Qué es el hombre, para que cuides de él?»

No somos nada y, aún así, el Señor nos concedió la gracia de cuidar de su creación. Ese es nuestro propósito en la vida. Cuando cumplimos con el propósito que se nos asignó, damos gloria a Dios.

A veces creemos que estamos en el camino correcto al llevar a cabo nuestro propósito. ¿Pero cuántas cosas hacemos mal en el cumplimiento de nuestra misión que no glorifican a Dios? Una de las cosas que opacan mi buena fe en el cumplimiento de mi misión es mi mal carácter. A veces doy respuestas muy fuertes que, aunque no son con la intención de dañar, las personas no lo toman a bien y se ven ofendidas. Pido perdón por mi actitud y comportamiento. Son momentos que no glorifican a Dios.

Por otra parte, siempre busco la manera de dar gloria a Dios. Los que me conocen saben que tengo un trabajo bien difícil. Sin embargo, siempre he tratado de mantenerme alegre a pesar de los obstáculos que se presentan. Por lo que puedo decir que, cuando logro sacar una sonrisa a un cliente enojado, a un compañero de trabajo frustrado, ahí estoy dando gloria a Dios. Cuando no juzgo y ayudo sin mirar a quien, estoy consciente de que lo hago para agradar a mi Dios. Cuando espero en Él y me abandono a Su voluntad a través de la oración, estoy dando gloria a Dios; pero sobre todas las cosas, cuando doy testimonio de fe, porque en ese mismo instante me hago semejante a Cristo.

ORACIÓN

Señor, ¿quién soy para que cuides de mí? Que nunca olvide glorificar tu nombre en todo momento.

Mi reflexión

DÍA 8
NO SOMOS NADA

«Por lo demás, hermanos, os rogamos y exhortamos en el Señor Jesús a que viváis como conviene que viváis para agradar a Dios, según aprendisteis de nosotros, y a que progreséis más.»
1 Tesalonicenses 4: 1

Este capítulo es la continuación del anterior. Cada vez que glorificamos a Dios con nuestras acciones, nos hacemos agradables ante Sus ojos. En este mundo tan polarizado hacia las corrientes negativas que nos alejan de las enseñanzas de Dios, cada vez que nos hacemos testigos de Jesús, agradamos al Padre, pero también al Hijo. Es tan difícil ser coherente con los valores evangélicos que, hoy en día, he visto a los cristianos con miedo de defender lo que nos pertenece por herencia.

Como católica, estoy consciente de que agrado a Jesús cuando venero a su madre. ¿Por qué debo ocultar mi devoción a la Santísima Virgen? Sin ella, nuestro Señor no hubiera nacido y la Navidad —ese acontecimiento que nos une en familia cada año— no existiría. Agrado a Jesús cuando defiendo el signo, que es para los hombres, el pacto de alianza de Dios con los hombres: el arcoíris. El arcoíris nos pertenece, ¿por qué hemos dejado que nos roben su verdadero significado? En Génesis 9, 13 se lee:

«Yo pongo mi arco iris en las nubes, y él será la señal de la alianza entre mí y la tierra.»

Este devocional no tuviera sentido alguno si yo como cristiana, católica, no glorifico a Dios con mi mensaje. El éxito de este libro no será mi logro sino el del Señor, quien me ha usado de instrumento para llevar un mensaje de fe.

Cada vez que escribo trato de concientizar en los valores cristianos. Nuestro mundo está al revés. Se venden más los antivalores que los valores. Hace un tiempo, le comentaba a una amiga que mi primer libro no se vendía porque el mensaje que lleva implícito la sociedad no lo acepta. Aun así, he hecho el compromiso de escribir para siempre agradar al Señor.

ORACIÓN

Señor, dame el valor de defender aquello que te agrada. Que elija siempre agradarte a ti antes de agradar a la sociedad. Que nunca deje de ser coherente.

RESPONDIENDO AL LLAMADO DE DIOS

Mi reflexión

DÍA 9
CONFIANDO EN DIOS

«Confía en el Señor con todo el corazón, y no te fíes de tu propia sabiduría. En cualquier cosa que hagas, tenlo presente: él allanará tus caminos.»
Proverbios 3:5-6

Confiar en el Señor es abandonarse en Sus brazos dejando atrás el miedo.

¿Recuerdas cuando eras niño y estando en un lugar alto, tu padre te gritaba desde abajo que te lanzaras porque él estaba ahí para sostenerte? Tú, con toda confianza, brincabas hacia sus brazos. Así debe ser nuestra confianza en Dios. Él está ahí para sostenerte. Nuestra fe se mide en la confianza que depositamos en Dios.

Siempre he tenido miedo a salir de mi área de confort. En estos momentos, si siguiera mi propósito, no tendría el trabajo que tengo. Estaría, por el contrario, dedicada a escribir. Pero el miedo a no tener una entrada económica estable me aterra. Me ha faltado la confianza en Dios en esta área de mi vida.

Mi mamá me contó que mi sobrina menor, quien no ha tenido ninguna formación religiosa, le dijo a su madre, mi hermana, que es una mujer de poca fe. Según la niña, su madre cree en Dios solamente cuando tiene un problema y le aconseja que la fe debe ser para siempre, no cuando hay problemas.

A mi edad y con mi experiencia, he aprendido a dejar el control de todo a Dios. ¿Qué sentido tiene desesperarme y no tener paciencia? Siempre digo: «Lo que ha de pasar, que pase; todo se dará en el tiempo de Dios».

En una ocasión, llegué a casa y encontré todos los equipos electrodomésticos rotos, hasta la computadora con la que tomaba mis clases en línea. Ni siquiera me preocupé. Recuerdo que solo dije: «Señor, tú me has puesto en esta situación, tú me sacarás de ella». A los tres días, mi cuenta de estudiante fue enriquecida con una subvención que me permitía cubrir mis necesidades financieras.

El Señor es fiel a su promesa.

ORACIÓN

Señor, aumenta mi fe.

Mi reflexión

DÍA 10

Dios, un amigo fiel

«El amigo fiel es seguro refugio, el que lo encuentra, ha encontrado un tesoro.»
Eclesiástico 6:14

El amor nos hace ser la versión más perfecta de la persona que somos. Cuando te enamoras tratas de estar con la persona amada todo el tiempo. No hay un momento del día que quieras estar lejos. Así empieza el enamoramiento. Sin embargo, el amor llega cuando le conoces a un nivel personal.

La relación con Dios nace del encuentro con Él. Cuando lo conoces a profundidad, quedas enamorado. He comprendido que para pensar más en Dios y hablar más a menudo con Él, debo buscar más de Él. La búsqueda de Dios implica confianza y escucha atenta.

Han pasado tantos amigos por mi vida. Muchos han quedado en el camino. Ellos y los presentes han sido un regalo de Dios. Solo Él sabe por qué tuvieron que estar en mi camino. Hoy doy gracias a esos que dejaron una huella profunda, porque de alguna manera, han dado color y alegría. Pero en Dios he encontrado mi refugio. Él es el amigo que ha dado sentido a mi vida. Mi corazón le pertenece solo a Él porque es mi verdadero tesoro; mi amigo fiel.

Dios es el amigo que nunca me ha fallado, a pesar de mis desplantes. En una época de mi vida me aparté de Él por probar las cosas que ofrece el mundo. En misa sufría cuando no podía acercarme a comulgar. Extrañaba a Jesús, extrañaba tener esa experiencia íntima con Él. El día que hice una confesión general de mis pecados, prometí no hacer nada que me alejé de Jesús. Siempre busco estar en gracia. Lo mismo hago con mis amigos. Si algo está mal con mis amistades siempre trato de arreglar la situación. Nuestros amigos son el reflejo del rostro de Cristo. En ellos vivo mi relación de amistad con Dios.

ORACIÓN

Señor, no permitas que jamás me separe de ti.

Mi reflexión

DÍA 11
LA AMISTAD SE CULTIVA

«El amigo fiel no tiene precio,
no hay peso que mida su valor.»
Eclesiástico 6:15

La amistad se cultiva. Recuerdo que en mi blog escribí un capítulo sobre la amistad. En esos momentos estaba pasando por un proceso de ruptura con un amigo, el cual apreciaba mucho. En mi reflexión decía que los amigos son como hermanos a los cuales les une un hermoso lazo fraterno. También reflexionaba sobre lo auténtica que debe ser la amistad. Cuando no hay sinceridad y se ocultan verdades ese lazo fraternal puede quebrantarse. Me ha tocado vivir que, aquellos que me consideran mis amigos, me buscan solo cuando necesitan de mí. En ocasiones, me siento usada. Imagínate como se sentirá Dios cuando lo buscas solo cuando tienes un problema. Así no se cultiva la amistad con un amigo, menos con Dios.

Las plantas se riegan para que florezcan; así también la amistad. Te motivo a que uses las mismas tácticas que uso yo para acercarme a Dios: respeto, sinceridad, correspondencia, amor y perdón sobre todas las cosas.

Constantemente agradezco a mis amigos por estar en mi vida. Tengo amigos que siempre están ahí, otros que, aunque distantes, siempre puedo contar con ellos. Amigos que me apoyan en mis momentos tristes y de locura también. Amigos que ríen y lloran conmigo. Tengo dos amigas, Vilma y Olmara, que fueron de mucha ayuda cuando llegué a Estados Unidos. En los momentos más difíciles nunca me faltó un plato de comida gracias a ellas. Hoy vivimos lejos unas de otras, pero no hay una fecha importante en nuestras vidas que olvidemos. Mi amiga Arelis también siempre ha estado en mis momentos más difíciles. Como dije en el capítulo anterior, siempre he visto el rostro de Cristo en mis amigos cuando tuve hambre, desnuda, enferma y con sed.

El Señor, como un amigo fiel, nunca me ha soltado de la mano.

ORACIÓN

Querido Señor, te amo y te respeto. No permitas que nuestra amistad se quebrante. Gracias, Señor, por estar presente en mi vida.

Mi reflexión

DÍA 12
A SOLAS CON DIOS

«Pero tú, cuando ores, entra en tu aposento, y cuando hayas cerrado la puerta, ora a tu Padre que está en secreto, y tu Padre que está en lo secreto, te recompensará.»
Mateo 6:6

La intimidad es algo que se cultiva entre amigos. ¿No te ha sucedido que encuentras a un amigo y quieres estar a solas con él? Así debe ser nuestra experiencia con Dios.

Los amigos tienen secretos que solo ellos conocen. Un amigo es una extensión de tu ser. Nadie tiene más libertad de hablarte de tus defectos que un verdadero amigo. En mi caso, soy más receptiva cuando uno de mis amigos me llama la atención o me hace saber de mis debilidades. Pero ese momento se cultiva solamente en la intimidad.

Todos los días trato de tener un encuentro íntimo con Dios, ya sea a través de la oración, la participación en misa o con la visita al santísimo sacramento. Disfruto los momentos privados que tengo con Dios. Hasta sonrío cuando estoy con Él, porque siento que a veces es un amigo travieso. A solas con Dios me puedo quitar mis máscaras. Esas que me muestran mis debilidades. Frente a Dios no necesito fingir porque Él me conoce tal y como soy.

La mujer samaritana tuvo ese encuentro de intimidad con Jesús (Juan 4: 1-26). Nunca se avergonzó ante el Señor porque Él la miró con ojos de misericordia. Conocía sus máscaras y no la juzgó.

¿Cómo es tu encuentro con Dios? ¿Disfrutas los momentos de intimidad con Él? ¿Tienes el valor y la humildad de quitarte tus máscaras ante Dios?

El encuentro con Dios debe ser un momento entre dos: solo tú y Él. La oración en público es buena. Recuerda que el Señor nos dice que Dios está presente donde hay dos o tres reunidos en su nombre. Pero la oración que se hace para vanagloriarse de nosotros mismos y que todos nos vean, nunca sube al cielo. Disfruta los momentos a solas con Dios.

ORACIÓN

Señor, dame la humildad para alabarte en lo más secreto de mi corazón.

Mi reflexión

DÍA 13
DE LA MANO DE DIOS

«Yo estaré contigo, y no te abandonaré hasta cumplir lo que te he prometido. Te cuidaré por dondequiera que vayas, y te haré volver a esta tierra.»
Génesis 28:15

Muchas veces sentimos que el mundo se acaba. Nuestra fe comienza a tambalear: «¿Por qué permites estas cosas? ¿Dónde está Dios?»

Dios no es un Dios ausente. Él nunca abandona a Sus hijos. Él nunca olvida Su promesa. A veces somos egoístas con nuestras exigencias. El hombre se ha alejado de Dios con su egoísmo y banalidad. Ahora le reclama porque lo siente distante. ¿Quién en verdad es el que está distante: Dios del hombre o el hombre de Dios?

¿Te has puesto a pensar que cuando las cosas suceden debe ser porque Dios está buscando llamar nuestra atención? Somos hijos desobedientes, queremos hacer lo que mejor nos plazca, pedimos a capricho y cuando Dios no nos da lo que pedimos, decimos que está distante.

Una fábula cuenta que, tras una inundación en una isla lejana, los habitantes del lugar buscaron salvarse. Un solo hombre quedó aferrado al lugar. Al no encontrar cobija, subió a un techo y comenzó a pedir a Dios que lo salvara. De pronto, apareció un hombre en balsa; este lo invitó a subir y el testarudo, en el techo, le dijo que estaba esperando a Dios. Así fueron pasando varias personas con la posibilidad de salvarlo y él siempre rechazó la ayuda. Su final fue triste: terminó ahogado. Al llegar al cielo, le reclamó a Dios por qué no había acudido en su ayuda. Dios le preguntó por qué no había utilizado todos los medios que le había enviado. Dios estaba en las personas que deseaban ayudarlo.

Te invito a buscar a Dios cuando lo sientas distante; háblale, cuéntale tus problemas. Es lo que siempre hago para nunca perderlo de vista. El Señor siempre nos envía ángeles que nos ayudan a encontrar respuestas que no sabemos descifrar. Dios no se aleja, solo hay que estar atentos.

ORACIÓN

Señor, no permitas que nunca te sienta distante. Permíteme, Señor, estar siempre atento para poder descifrar siempre tus respuestas.

Mi reflexión

DÍA 14
MI FAMILIA

«Si una casa está dividida contra sí misma,
esta casa no podría subsistir.»
Marcos 3:25

Formar parte de la familia de Dios es lo mejor que le puede pasar a un ser humano. Somos hijos de Dios, Él es nuestro creador. Al bautizarnos comenzamos a formar parte de esa gran familia de creyentes bautizados. Siempre recuerdo mi bautizo con emoción. La acogida que me dio la comunidad de hermanos me hizo darme cuenta de que tenía una familia extendida, la familia espiritual de los hijos de Dios.

Una familia es diversa en muchos aspectos. Todos los miembros son diferentes, pero están unidos por los lazos de sangre. Así mismo es la familia de Dios. Todos los bautizados tienen características, talentos y una misión diferente, pero todos formamos parte de un mismo cuerpo en Cristo (1 Corintios 12).

En ocasiones encontramos familias divididas, familias que pasan años o toda una vida separada por motivos diferente. De esa misma manera, encontramos que la familia de Dios se encuentra dividida. El egoísmo, la ambición, la envidia son males que separan a los hermanos de esta gran familia espiritual. Ninguna familia es perfecta.

En una ocasión, escuché a un sacerdote decir que lo que nos debe unir como familia, a pesar de nuestros defectos, es el amor.

Lo primero que debo hacer para tratar a mis hermanos creyentes como miembros de mi propia familia es respetar sus criterios y opiniones. El perdón es la base fundamental para que una familia sane. Perdonar a mis hermanos me hace semejante a Cristo. Corregir fraternalmente, desde el amor, es una manera de respetar a mis hermanos. Esta es una de las áreas en las que más tendría que trabajar yo para crecer espiritualmente. No soy perfecta, no somos perfectos, pero a la medida que descubramos nuestras imperfecciones ayudaremos al perfeccionamiento de nuestra gran familia que es la iglesia.

ORACIÓN

Señor, enséñame a tratar a mis hermanos con amor.

Mi reflexión

DÍA 15
DIOS, CENTRO DE LAS RELACIONES

«Amarás al Señor tu Dios con todo tu corazón, con toda tu alma y con toda tu mente. Este es el gran mandamiento, el primero. Pero hay otro muy parecido: Amarás a tu prójimo como a ti mismo.»
Mateo 22:37-39

Cada día pido fortaleza de espíritu al Señor para que pueda cambiar mi carácter airado e inflexible. Mis amistades son el barómetro que mide mi distanciamiento con Dios. Cuando no estoy centrada en Él, ya no es el amor el centro de mis relaciones.

El amor es la base de toda relación. Sin este, las relaciones se deterioran. Una relación basada en el amor perdurará en el tiempo. Para que esto suceda la relación debe estar centrada en Dios. Dios es amor.

En este mundo moderno, el amor ha pasado a segundo plano: Dios ha pasado a un segundo nivel. Cada día vemos familias destruirse, amigos enemistados, parejas separadas a causa de que se han olvidado de cultivar la relación con Dios. Cuando perdemos la conexión con Dios, nuestra vida va en picada. A consecuencias, nuestra relación con el mundo que nos rodea comienza a derrumbarse.

La frase «Has tocado fondo» nos recuerda que hemos llegado al abismo de nuestras vidas porque hemos perdido toda unión con Dios. Vuelve a Él y tu mundo volverá a estabilizarse. Esto es lo que llamamos en matemáticas, ecuaciones directamente proporcionales. Si Dios es el centro de mi vida, entonces se convierte en mi prioridad, por lo tanto, mis hermanos se verán beneficiados de mi relación íntima con Él.

Muchas personas convierten los bienes en prioridad. El trabajo es uno de esos medios que nos da cosas materiales, pero que si lo tenemos como centro de nuestras vidas nos alejará de nuestros seres queridos. Anécdotas escuchamos a diario de personas que han perdido sus matrimonios y hasta a sus familias por dar prioridad al trabajo.

Para que las relaciones sean prioridad, la medida más urgente que tú y yo debemos tomar es tener a Dios como centro de nuestras vidas.

ORACIÓN

Señor, que seas siempre tú el centro de mi vida y que mi amor a ti motive el amor a mi prójimo.

Mi reflexión

DÍA 16

SOY PARTE DEL CUERPO DE CRISTO

«Ustedes son el cuerpo de Cristo y
cada uno en su lugar es parte de él.»
1 Corintios 12: 17

Formar parte de la familia de Dios implica un compromiso. El compromiso que tienes con tu familia mide tu nivel de relación con ella. En ocasiones, se enfría porque nos olvidamos de lo esencial: el tiempo familiar y con Dios. El cristiano está llamado a pertenecer a ese cuerpo. En nuestro compromiso radica nuestro sentido de pertenencia al cuerpo de Cristo.

Los lazos de familia se fortalecen cuando establecemos una relación íntima y de confianza. Así mismo debe ser nuestra relación dentro de la gran familia de Dios, que es la Iglesia. Recuerdo que cuando vivía en Cuba, mi compromiso con mi iglesia local era pleno. Quizás porque tenía más tiempo para dedicarle a las cosas de Dios. Al llegar a Estados Unidos, caí en una crisis espiritual que duró largo tiempo. Asistía a misa, servía en el ministerio de catequesis, pero sentía que no era un compromiso completo. Para ser sincera, era más una obligación que compromiso. Sumida en las cosas que te presenta este país, me fui olvidando de mi relación con Dios.

El Señor no quiere que le demos lo que nos sobra. El amor y compromiso con la familia de Dios se refleja en la relación con mis hermanos en comunidad, por medio de la oración y la participación en la comunidad. Mi experiencia me dice que cuando hacemos espacios en nuestras vidas para Dios, Él se encarga de organizar nuestro tiempo.

Hace unas semanas decidí salir de vacaciones para poder participar de las fiestas patronales en mi iglesia. Durante una semana estuve sirviendo en la preparación para el gran día. Era mi manera de agradecer al Señor por las tantas bendiciones con las que ha colmado mi vida. Después de esa semana, puedo decir que las bendiciones no han cesado de llegar.

ORACIÓN

Señor, enséñame a ser humilde en mi compromiso contigo. Derrama tu Santo Espíritu Señor sobre mí, para que siempre sepa usar mis dones a favor de mi familia espiritual.

Mi reflexión

DÍA 17
Todos nos necesitamos

«Vivan en armonía unos con otros.
No busquen grandezas y vayan a lo humilde;
no se tengan por sabios.»
Romanos 12:16

Cuando me pregunto qué es vivir en armonía, me viene a la mente las tantas personas que he encontrado en mi caminar y que han sido luz en mi vida. Muchos de ellos, creyentes en Dios, pero pertenecen a diferentes religiones. Su actuar para conmigo ha ido más allá de nuestras creencias religiosas.

Y es que para el cristiano, la relación con los creyentes debe sobrepasar las barreras de las iglesias y de las diferencias de opiniones religiosas. Hay creyentes que se creen superiores a los demás por el simplemente hecho de pertenecer a una determinada iglesia. Cristo nos pide vivir en armonía. Todos nos necesitamos. No se puede luchar contra el mal que hay en este mundo si los creyentes en Dios estamos divididos.

Agradezco infinitamente a Rebeca y a su equipo que me ha dado la oportunidad de publicar este devocional con la editorial Güipil. Soy católica y tengo amistades evangélicas, adventistas, episcopales y musulmanes. En cada uno de ellos he visto el rostro de Jesús en la diversidad. En el momento que escribo este capítulo, la Florida está siendo impactada por el huracán Ian. Sentí la necesidad de orar, le comuniqué a mi amiga Judith, quien es evangélica, y en menos de dos segundos estábamos conectadas por WhatsApp orando por el cese de la tormenta y por las personas afectadas. Se siente bonito cuando la comprensión, la escucha abierta, el diálogo, el respeto y, sobre todo, el amor prevalece en las relaciones.

En el año 2019, tuve la oportunidad de compartir el Día de Acción de Gracias con amistades musulmanas. Una experiencia única, nueva y enriquecedora. De la cual aprendí que, bajo este cielo, no importa la cultura o religión que profeses, todos damos gracias a Dios porque es bueno, porque es eterna Su misericordia.

ORACIÓN

Señor, que mi amor por ti se extienda a mis hermanos creyentes en ti, sin hacer diferencias entre ellos.

Mi reflexión

DÍA 18
Soy comunidad

«Todos los creyentes vivían unidos y tenían todo en común; vendían sus posesiones y sus bienes y repartían el precio entre todos, según la necesidad de cada uno.»
Hechos 2: 44-45

El testimonio de los primeros creyentes es para nosotros, un ejemplo de lo que debe ser una comunidad. A veces caemos en la creencia falsa de que vivimos en comunidad sin darnos cuenta de que actuamos como fariseos hipócritas.

Cuando llegué a Estados Unidos, hace diecisiete años, venía con la añoranza de encontrar una iglesia a la cual me pudiera incorporar. El Señor es tan benevolente que me concedió la gracia de ubicarme a solo tres cuadras de una. Fue tanta mi alegría cuando vi aquella pequeña iglesia, con su campanario y todas las señas de una congregación católica. Enseguida me apresuré a presentarme. La acogida fue muy calurosa. En la comunidad de San Roberto Belarmino encontré una verdadera familia; me sentía como en casa.

Una de las cosas que aprendí de esta comunidad fue dar la bienvenida a los nuevos integrantes. Al terminar la misa el sacerdote preguntaba quiénes habían llegado por primera vez. La persona decía su nombre y su país de origen. De igual manera, antes de empezar cada misa, el sacerdote pedía que cada cual saludara a la persona que tenía al lado. ¡Qué bonito se sentía! Así es que debemos hacer sentir a nuestros hermanos en la iglesia. A veces se nos olvida ser el reflejo de Cristo.

Esta experiencia de acogida me ha servido para ponerla en práctica en mi vida diaria y también en la iglesia que asisto. He experimentado que regalar una sonrisa le da alivio y consuelo al hermano que llega con una carga más grande que la mía.

Vivir como los primeros cristianos se hace tan difícil en un mundo tan materializado. Pero los cristianos debemos correr la milla extra. Esto es estar abiertos a compartir y a estar pendientes de la necesidad del otro, dejando atrás todo nuestro egoísmo.

ORACIÓN

Señor, dame un corazón misericordioso como el tuyo, siempre atento a la necesidad de mis hermanos.

Mi reflexión

DÍA 19
Perdonando como Dios perdona

Pedro se acercó y entonces le dijo:
Señor, ¿Cuántas veces tengo que perdonar las ofensas que me haga mi hermano? ¿Hasta siete veces? Dícele Jesús: No te digo hasta siete veces, sino hasta setenta veces siete.
Mateo 18:21-22

La palabra perdón es una de las más difíciles de entender. El ser humano es reacio al perdón. Exigimos que nos perdonen, pero cuando nos toca hacer lo mismo, el corazón se nos pone más duro que una piedra. En el Padre Nuestro le pedimos a Dios que nos perdone como nosotros perdonamos a los que nos ofenden. Me pregunto cuántos habrán entendido la petición que hay implícita en esta oración.

Jesucristo es sabio, y al darnos esta oración nos da una lección de humildad. En el Padre Nuestro pedimos a Dios que nos perdone con la misma medida que perdonamos a nuestros hermanos. Lo que significa que, si perdonamos poco estamos pidiendo a Dios que nos perdone poco. Pero la misericordia de Dios es mucho más grande que la miseria humana. Dios es tan maravilloso que nos entregó a Su Hijo en reparación de nuestros pecados.

Me ha tocado vivir momentos de duelos muy fuertes. Duelos debido a la traición de personas que he querido y en las que he depositado mi confianza. En una ocasión, el daño fue tan profundo que me era difícil perdonar. Era tanto mi dolor, que no me daba cuenta de que, inconscientemente, estaba deseando ver a esa persona muerta. Gracias a la ayuda que recibí de mi director espiritual comprendí que me estaba ahogando en el resentimiento. Pasé por todo un proceso de restauración y sanación. Porque cuando se sana desde adentro es cuando se está listo para perdonar. Es entonces cuando puedes hablar de la experiencia sin dolor ni rencor.

De esta experiencia aprendí que el diálogo ayuda a restaurar las relaciones rotas. En ocasiones, la otra parte no está abierta al diálogo. Entonces, lo mejor es alejarse y dejar que las aguas tomen su nivel. El tiempo sanará las heridas.

ORACIÓN

Señor, enséñame a amar como amas tú y a perdonar como perdonas tú.

Mi reflexión

DÍA 20
Cuidando a mi familia

«Firmaré con ellas una alianza de paz, haré que desaparezcan del país las fieras salvajes; mis ovejas podrán quedarse en el desierto y dormir en los bosques.»
Ezequiel 34:25

Es tan difícil proteger a la familia de divisiones y calumnias. Ninguna está exenta de diferencias entre sus miembros. La familia de Dios tampoco.

Somos seres humanos y no somos perfectos. La Iglesia no son las paredes que la soportan, somos nosotros. Por lo tanto, al estar formada por seres humanos, no es perfecta. No hay iglesia perfecta. Somos el termómetro con el cual la sociedad va a medir la iglesia a la cual pertenecemos.

He estado en comunidades donde sus miembros parecen lobos feroces queriendo sobresalir. Cuando esto sucede, la competencia y la crítica destruyen la unión de sus miembros. Hace unos meses fui invitada a formar parte de un grupo, mi respuesta fue un no rotundo. Había escuchado tanta crítica negativa y chisme que mi rechazo al grupo se manifestó en mi respuesta. Si no estoy para construir algo bueno, no me integro.

En ocasiones, nuestro comportamiento en la iglesia es lo que aleja a los hermanos. Nuestro comportamiento dentro de la familia de Dios debe ser de acogida.

Mi experiencia de Dios en la iglesia es muy diferente a la experiencia de otras que han sufrido abuso en cualquier sentido de la palabra. Porque he tenido una experiencia positiva, mi deseo es que mis hermanos tengan esa misma experiencia. Mi comportamiento y testimonio deben ser ejemplos para los demás. Siendo reflejo de Cristo es una manera de cuidar la gran familia de Dios.

La unidad de una familia se protege a través de la escucha y el respeto. Respetando los dones y talentos de cada uno de sus miembros. En mis experiencias como animadora de grupos juveniles, he aprendido que la unidad del grupo se mantiene cuando no hay favoritismo y cuando se da participación a todos según sus talentos y carismas.

ORACIÓN

Señor, enséñame a ser un instrumento de tu paz.

Mi reflexión

DÍA 21
Soy reflejo de Cristo

«Y ahora no vivo yo, es Cristo quien vive en mí.
Todo lo que vivo en lo humano lo vivo con la fe en el Hijo
de Dios, que me amó y se entregó por mí.»
Gálatas 2: 20

Ser como Cristo en una sociedad que pone a pruebas al cristiano a cada momento, es un reto. Nuestro compromiso como cristianos implica entender como el apóstol que, al formar parte de la familia de Dios, Cristo comienza a vivir en nosotros. Por lo tanto, comenzamos a ser el rostro de Cristo.

Cristo cumplió con valentía la misión que le fue encomendada por el Padre. Como cristianos a veces nos faltan las agallas para llevar adelante nuestra misión. Nos pasamos la vida sumergidos en las cosas del mundo y olvidamos que hemos sido creados con un propósito y una misión.

Reconozco que el miedo es, en ocasiones, lo que me paraliza para salir al mundo y ser verdadero reflejo de Cristo. ¿Por qué tener miedo? Si ser como Cristo debe ser nuestro más grande orgullo. El discípulo de Cristo debe ser como Él. Este no es un proceso que se da de un día para otro. Se necesita ser perseverante para lograr una madurez espiritual que nos aleje de lo mundano. Solo así tú y yo podremos ser luz del mundo.

Cuando me enojo me alejo mucho de ser reflejo de Cristo. Soy una criatura imperfecta, pero eso no justifica que no busque ayuda para corregir mis defectos. Como cristiano, el resto del mundo espera que actúes con autenticidad. Desde mi experiencia puedo decir que somos crueles cuando juzgamos a los demás. Las personas nunca van a hablar de tus cosas positivas. Tus defectos siempre van a tener más peso. Basta un error para que caigas del pedestal. Cultivar la oración y la lectura diaria de la Palabra me han ayudado a mantener mi centro en nuestro Señor.

Te invito a que tengas siempre como referente a Cristo. Pensar cómo actuaria Jesucristo ante una situación determinada.

ORACIÓN

Derrama, Señor, el poder de tu Espíritu sobre mí para que yo pueda imitar a Cristo.

Mi reflexión

DÍA 22
DEJA ACTUAR A DIOS

«Pues sus proyectos no son los míos,
y mis caminos no son los mismos de ustedes, dice Yahvé.»
Isaías 55:8

A mi manera es una muy conocida canción que describe cómo el compositor ha vivido y tenido éxito a su manera. A veces cuestionamos a Dios cuando las cosas no salen bien. Es precisamente porque queremos hacer las cosas a nuestro parecer, sin pensar si es en realidad lo que Él quiere para nuestro bien.

El ser humano es caprichoso. Le gusta condicionar a Dios. Cuando estamos delante de Él en oración, le ponemos listas:

—Señor, quiero esto, quiero aquello; si no es así, mejor no me lo des.

Somos, en fin, seres inconformes e ingratos. ¿Para qué pedir la ayuda de Dios si de antemano sabemos lo que nos conviene?

Trabajando con el público he descubierto lo soberbios

que somos. A veces me queda la duda de si ofrecí el mejor servicio. Las personas llegan por asesoría y apenas escuchan tu explicación, porque lo saben todo. ¿Para qué pedir ayuda entonces? De la misma manera que reaccionamos en nuestras relaciones, reaccionamos frente a Dios. Queremos hacerlo todo a nuestra manera sin dejarnos guiar por Su voluntad.

Un ejemplo claro ha sido en mis relaciones afectivas. Como toda mujer, me gustaría encontrar a una persona que me complemente, que sea padre, amigo y buen esposo. A veces pienso que se le perdió el GPS. Me he dado cuenta de que cuando yo fuerzo la situación para que se dé, salgo siempre lastimada. A este punto, pude discernir que no me toca a mí buscar a esa persona. Si está de Dios y si así lo quiere para mí, Él pondrá la persona perfecta y correcta en mi vida. Mientras tanto, disfruto vivir mi vida de soltera respondiendo al llamado que el Señor me hace cada día. Me gustaría que en mi epitafio se lea: «Todo fue hecho a tu manera, Señor».

ORACIÓN

Señor, hazme dócil a tu voz.

RESPONDIENDO AL LLAMADO DE DIOS

Mi reflexión

DÍA 23
¿QUÉ TERRENO SOY?

«Guarda las ordenanzas de Yahvé, tu Dios; sigue su camino,
cumple sus leyes, sus mandamientos, sus disposiciones y
sus consejos como está escrito en la ley de Moisés.
Así tendrás éxito en todas tus empresas y
no te fallará ningún proyecto.»
1 Reyes 2:3

Es tan difícil poner en práctica la Palabra de Dios. Muchos la encuentran hasta aburrida. A veces me sorprendo analizando las actitudes de las personas en la iglesia cuando el sacerdote ofrece la homilía. Las personas conversan, se levantan sin reverencia alguna, interrumpen, se van de la misa. En fin, se pierden el saborear lo rico de la Palabra de Dios.

La parábola del sembrador explica muy bien la actitud de muchos cristianos. Dios tira su semilla en forma de palabra. Nosotros somos el terreno donde cae la semilla. El terreno puede ser árido, pedregoso o fértil. Un terreno árido no da fruto y la palabra se pierde. En terreno pedregoso, la semilla puede crecer, pero la cosecha se pierde porque las raíces no son profundas. Sin embargo, en el terreno fértil da frutos y frutos en abundancia. Estos son los que escuchan la palabra, la guardan en su corazón y la ponen en práctica.

La coherencia es una virtud que debe cultivarse. Ser coherente es dar testimonio de Aquel que nos hizo sus discípulos. El mundo nos está mirando, no podemos ser luz del mundo si a nuestro paso llevamos oscuridad.

El Señor nos habla de ser prudentes como serpientes y mansos como palomas. En mi caso, no soy coherente con esta enseñanza. Siempre estoy a la defensiva. Tengo el defecto de hablar sin pensar, lo que ocasiona que hiera u ofenda a otras personas. En una ocasión, tras confesarme, un sacerdote sabio me dejó de penitencia practicar la prudencia. Cuando le pregunté cuál sería mi penitencia me respondió:

—Hija mía, ¿de qué sirve que te mande a rezar tres Ave Marías?, sería una penitencia muy fácil para ti. Sin embargo, practicar la prudencia será un reto.

Agradezco que me haya dejado esa penitencia, porque ha sido un ejercicio espiritual.

ORACIÓN

Señor, que tu Palabra dé frutos en mí y que por la acción del Espíritu yo pueda dar testimonio de esa palabra.

Mi reflexión

DÍA 24
Descansa en el Señor

«Marta, Marta te preocupas y te agitas por muchas cosas; y hay necesidad de pocas, o mejor, de una sola. María ha elegido la parte buena, que no le será quitada.»
Lucas 10: 41-42

Los humanos tenemos la tendencia de preocuparnos por todo. A veces, nos anticipamos al problema. La Palabra de Dios nos enseña que cada día tiene su afán (Mateo 6:34). Cuando nos preocupamos vivimos en el futuro, Dios nos pide vivir en el presente. Ocupémonos del ahora, el mañana tiene sus propias ocupaciones.

Cuando confiamos en el Señor encontramos en Él nuestro refugio. Me encanta el Salmo 23 porque me recuerda que «el Señor es mi pastor, nada me faltará».

Quedarme sin empleo en 2010 fue una experiencia única y enriquecedora. Después de ver tantas puertas cerradas y ante la adversidad, busqué alternativas. Me aferré a mi fe y me reinventé. Entonces fue que decidí, con una amiga, colocar un puesto en un pulguero. No teníamos no más que la carpa; nada para vender. Pero llegué a la iglesia y le comuniqué a mi gran familia de mi nueva aventura. El domingo siguiente tenía donaciones para mi local. En el puesto encontrabas de todo. Mis amigos le pusieron Ana's ferretería. Como los productos eran donados tenía la flexibilidad de variar los precios. Del mercado de pulgas pasamos a vender velas aromáticas en un centro comercial. La adversidad nos llevó a buscar soluciones a nuestros problemas y a superarnos como mujeres.

Esta anécdota la comparto en el libro *Testimonios de fe: Su victoria en mí*, con el objetivo de concientizar a la mujer que no hay adversidad grande, que sí se puede. No me canso de repetir que el Señor no nos deja de la mano. Él nunca nos dará una prueba que no podamos soportar. Nuestra actitud antes el problema es lo que nos hará disminuir o crecer en la vida. Si meditamos el Salmo 23 a diario, nos daremos cuenta de que Dios es nuestro proveedor.

ORACIÓN

Señor, que nunca me falte la capacidad de crecerme antes los problemas de la vida y que, ante la adversidad, busque siempre tu protección.

Mi reflexión

DÍA 25
Superando la Tentación

«No nos deje caer en la tentación,
y líbranos del mal. Amén.»
Mateo 6:13

La primera carta de Pedro nos recuerda que el demonio anda suelto por el mundo buscando a quién devorar. A veces, tememos mencionar al diablo. Siempre he pensado que las cosas hay que llamarlas por su nombre, cuando las llamamos por su nombre, les hacemos saber que no tememos y que las conocemos bien.

Jesús era perseverante en la oración, por eso se retiró al desierto para orar. Ahí apareció el diablo para poner a prueba su fidelidad a Dios. Él conocía las verdaderas intenciones del demonio; su perseverancia y confianza en el Padre lo ayudaron a derrotar la tentación. Así como Jesús fue tentado, nosotros somos tentados constantemente. El diablo libra una batalla feroz para devorar las almas buenas, para eso se aprovecha de nuestras debilidades.

Mi fidelidad a Dios es tentada cuando lo cuestiono ante la prueba y grito como el profeta Habacuc: «¿Hasta cuándo Señor, pediré auxilio sin que me escuches, y denunciaré a gritos la violencia que reina, sin que vengas a salvarme?» (Habacuc 1:3). Pero cuando mi fe es como el grano de mostaza y crece ante la incredulidad, soy capaz de ser perseverante como Jesús. No importa lo que venga porque el Señor es mi refugio.

El diablo constantemente nos ofrece las cosas del mundo, como se las ofreció a Jesús. Cuando vences la tentación de buscar lo material ante lo espiritual, de la búsqueda de poder y de tener el control, te asemejas a Jesús en paciencia, templanza, obediencia y perseverancia. Él nos enseña que al diablo debemos enfrentarlo con valentía y sin miedos.

Tenemos al mundo a nuestros pies. Nuestra capacidad de escoger lo que mejor nos conviene muestra nuestra madurez espiritual.

¿Qué herramientas usas para superar la tentación? Como nuestro Señor Jesucristo, no dejes de aferrarte a la oración.

ORACIÓN

Señor, que tu santo Espíritu me dé la fortaleza para vencer las tentaciones de este mundo. Que nunca se debilite mi fe en ti.

RESPONDIENDO AL LLAMADO DE DIOS

Mi reflexión

DÍA 26
BUSCANDO AYUDA

«Hermanos, si alguien cae en alguna falta, ustedes, los espirituales, corríjanlo con espíritu de bondad. Piensa en ti mismo, porque tú mismo puedes ser tentado.»
Gálatas 6:1

No es fácil vencer la tentación. La oración y la lectura de la Palabra debe ser nuestro alimento diario para fortalecernos. Cada día estamos expuestos a las falacias del demonio.

En momentos de aridez espiritual no hay nada mejor que buscar ayuda. En mi vida personal me ha ayudado mucho contar con dirección espiritual, ya sea de un sacerdote, de una monja o hasta de hermanos de la misma iglesia. Tengo una amiga que ha sido dotada por el Espíritu con un gran poder de discernimiento. A veces acudo a ella para pedir consejo y oración.

Cuando llegué a Estados Unidos, en el año 2005, viví una gran crisis espiritual. Adaptarme a un nuevo país con costumbres y cultura diferente fue bien difícil. Como todo inmigrante, recorrí un largo camino para lograr estabilidad emocional y económica. Fueron caminos llenos de espinas. Hubo momentos que sentí desfallecer. El enemigo, que siempre aprovecha nuestras debilidades, no se hizo ausente.

Comencé a descuidar mi oración diaria y la lectura de la Palabra. Recuerdo haber llegado a una iglesia para pedir ayuda espiritual y el sacerdote apenas me escuchó. Solo me hizo saber que en la iglesia no se ayudaba a conseguir trabajo. Entonces me di cuenta de que el demonio se sirve de cualquiera para mantenerte en la oscuridad. Era tanta mi ceguera que, en lugar de dirigirme al sacerdote de mi comunidad, salí a buscar ayuda en otro sacerdote. Con la lección aprendida regresé a casa como el hijo pródigo. Comencé a recibir dirección espiritual con el sacerdote una vez a la semana. En mi comunidad encontré verdadero acompañamiento. No estaba sola, porque mis hermanos oraban por mí.

El auxilio siempre viene del Señor. No estamos solos en esta lucha contra el maligno. Apóyate siempre en las herramientas que Dios pone en tu camino.

ORACIÓN

Señor, antes la tentación, que no me falte tu auxilio.

Mi reflexión

DÍA 27
Perseverantes en El Señor

«Si caminan según mis tradiciones y guardan mis normas poniéndolas en práctica, les enviaré las lluvias a su tiempo para que la tierra de sus productos y los árboles del campo sus frutos.»
Levítico 26:3-4

Todo aprendizaje lleva tiempo para que el alumno adquiera las habilidades. En cuestiones espirituales es el mismo proceso. La semilla lleva un proceso antes que germine. A veces nos impacientamos porque no vemos que las cosas se dan rápido. Las cosas de Dios se dan en Su tiempo.

El ser humano siempre busca atajos para llegar fácil y rápido a los lugares. El GPS, por ejemplo, nos busca las rutas alternativas de menos congestión en el tránsito. En la vida espiritual, los atajos no son una alternativa. Todo requiere paciencia.

Como he dicho anteriormente, practicar la prudencia ha sido un gran desafío que ha requerido paciencia y perseverancia. Al tener la tendencia de hablar sin antes pensar lo que voy a decir, me veo en la obligación de estar corrigiendo mi comportamiento constantemente. Por otra parte, ha crecido mi capacidad de pedir perdón. Esto requiere mucha paciencia y autoanálisis, es decir, analizar cada día en que he fallado. No es un proceso fácil, hay días que me veo estancada en lo mismo que había pensado ya estaba superado. Hace unos días sentí la necesidad de expresar mis sentimientos acerca de la manera que se había retirado una compañera de trabajo. Es alguien que quiero y estimo mucho. Pasó toda su vida entregada a su trabajo, y por cuestiones ajenas a su voluntad se retiró antes de tiempo. No me pareció que no se le diera un reconocimiento y lo expresé. Pensé que mi manera de expresarlo no afectaría a nadie. Pero al parecer sí. Para la sensibilidad de unos, lo dije de manera abrupta, lo que trajo consecuencias. Sentí tanta frustración de ver de dónde venía tanta cizaña que me sentí impotente. Mi reacción no fue la más correcta y trajo consecuencias. Moraleja: Persevera siempre en la prudencia.

ORACIÓN

Señor, dame la gracia de crecer espiritualmente en paciencia y perseverancia.

Mi reflexión

DÍA 28
Llamados A Servir

«Que cada uno ponga al servicio de los demás el carisma que ha recibido, y de este modo serán buenos administradores de los diversos dones de Dios.»
1 Pedro 4:10

Aceptar el llamado de Dios requiere de escucha atenta y disponibilidad. Tanto el Antiguo como el Nuevo Testamento están llenos de ejemplos de personajes que escucharon y aceptaron el llamado de Dios. Samuel le dijo a Dios: «Habla, Señor, que tu siervo escucha» (1 Samuel 3:10); y María respondió: «Hágase en mí según tu palabra» (Lucas 1:38).

Escuchar atentamente a Dios requiere que acallemos nuestras voces internas; esas voces que no permiten estar atentos a Su llamado. Por otro lado, la disponibilidad requiere prontitud en la respuesta. Jesús dijo a sus discípulos: «»El que quiera seguirme, que renuncie a sí mismo, cargue con su cruz y me siga».

Son muchas cosas las que me impiden aceptar el llamado de Dios para servir. El estar apegada al trabajo y a las obligaciones son unas de ellas. La falta de compromiso impide dar el sí definitivo.

En un momento de mi vida sentí el llamado a la vida consagrada. Estaba segura de que había descubierto mi vocación a la vida religiosa. Ingresé en un instituto secular, o sea, de vida consagrada en el mundo. Antes he dicho que al llegar a Estados Unidos viví una crisis espiritual muy fuerte. Una de las razones fue que no había presencia del instituto al que pertenecía, en Miami. Aun así, no me faltó el acompañamiento de mis superiores y hermanas. Pero estaban lejos. Aunque simpatizaran con lo que yo estaba pasando, no comprendían totalmente. Así que tuve que tomar una decisión. Pedí una especie de año sabático. Cuando fue tiempo de regresar se me pidió comenzar la formación desde cero. Fue muy difícil tomar una decisión. Decidí no continuar en el instituto y seguir mi vida. Desde entonces, no he dejado de honrar a Dios viviendo mi llamado como mujer soltera.

ORACIÓN

Dame, Señor, la disponibilidad para responder a tu llamado con prontitud.

Mi reflexión

DÍA 29
Dando el *sí*

«Sean diligentes, y no flojos.
Sean fervorosos en el Espíritu y sirvan al Señor.»
Romanos 12:11

Cuando descubrimos nuestra misión de vida, ese propósito para el cual fuimos creados, nos damos cuenta de que estamos sirviendo con pasión.

Trabajar con el público me ha puesto en una posición de servicio continuo. Es gratificante ver cómo se le puede alegrar la vida a una persona con el simple hecho de resolver un trámite. Estoy hablando de una profesión que he ejercido por casi doce años y que no es mi misión de vida.

Mi primer trabajo en Estados Unidos fue una especie de voluntariado. Me asignaron a un refugio que albergaba familias que no tenían un hogar. Mi misión consistía en pedir donaciones para poder sustentar las necesidades de las familias. Además, se daba ropa y comida dos veces a la semana a los desamparados del área. Fueron seis años que sentí plenitud y felicidad porque era una labor que me conectaba con mi misión de vida.

Es un testimonio maravilloso ver a familias en estado de desesperación, encontrar su camino y retomar las riendas de sus hogares. Hoy, soy testigo de niños que vivieron en el refugio y que tienen una carrera universitaria. En una ocasión, tuve la gran bendición de emitir la licencia de conducir a uno de los desamparados. El hombre se acercó a mi supervisora y le pidió que fuera yo quien lo ayudara. Sus palabras fueron:

—Ella ha visto todo mi proceso, sabe lo que ha sido mi vida y sería un orgullo recibir mi licencia de sus manos.

En ese mismo instante supe que había impactado la vida de un ser humano para la gloria de Dios. ¡Eso es amar y servir al otro apasionadamente! ¡Es cumplir tu misión! Es lo que espero que suceda con este libro cuando lo leas: que cambie tu vida.

ORACIÓN

Señor, que nunca me falte el valor para amar y servir apasionadamente a quien lo necesite.

Mi reflexión

DÍA 30
Mi Compromiso en La Iglesia

«Me gustaría que todos fueran como yo,
pero cada uno recibe de Dios su propia gracia,
uno de una manera y otros de otra.»
1 Corintios 7:7

Dios nos da los dones para que los pongamos al servicio de los demás. Esconder nuestros dones y talentos es un acto egoísta. La parábola de los talentos (Mateo 25:14-30) nos narra el uso de los talentos (monedas) que dio un hombre rico a sus siervos. Cada cual los usó según su capacidad. Uno de ellos solo escondió la moneda hasta el regreso del amo rico, y fue reprendido por no haber hecho nada con el dinero que le había dejado.

Hay tantas maneras de usar nuestras habilidades. El Señor me concedió el don de la lectura, así que uso ese talento en beneficio de mi comunidad y para mayor gloria de Dios, realizando las lecturas de la misa cada domingo, según se me asigne.

El Señor me ha dado el don de gente. Ese don ha sido de mucha ayuda para llevar alegría a los niños. Cada 6 de enero, en la iglesia a la que asisto, celebramos la fiesta de los Tres Reyes Magos. Mi misión es lograr sorprender a los niños. Es de gran gozo verlos interactuar con su jugador de béisbol o su cantante favorito. Es como hacer sus sueños realidad. He aprendido que cuando logras robarle un «¡Uau!» a un niño, es porque has llegado a su corazón. Disfruto esos momentos que son todos para mayor gloria de Dios.

Dios nos creó con un propósito. Descubrirlo y poner nuestros dones al servicio de los demás debe ser nuestra misión más importante. Nuestros dones no deben guardarse en una cajita de cera sin que produzcan nada.

Lo que quiero que entiendas es que el mejor servicio que podamos dar es comprometernos en nuestra iglesia y poner nuestros dones y talentos al servicio de los hermanos. No seamos egoístas, seamos fieles a nuestro compromiso.

ORACIÓN

Envía tu Espíritu, Señor, para que, bajo su acción, no deje nunca de poner mis dones y talentos al servicio de mis hermanos.

Mi reflexión

DÍA 31

CORRESPONDIENDO A DIOS

«Pero pensé: Voy a regar mi jardín, voy a rociar mis flores"
¡Y he aquí que mi arroyo se convirtió en un río, y mi río,
en un mar! ¡Brille mi doctrina como la aurora y extienda
su luz a lo lejos! Propáguense mis lecciones como palabras
proféticas: porque quiero dejarlas a las futuras generaciones.
Vean: no he trabajado para mí, sino para todos los que
buscan la sabiduría.»
Sirácides 24:31-34

Usar tus dones para y solo para ti, es puro egoísmo. Nuestras flores dotadas de perfume deben embriagar con su olor a todos los que se acerquen a nuestro jardín. Dar buen uso de los dones recibidos es dar gloria a Dios.

Cuando dejo de ser egoísta y estoy dispuesta a servir con amor, estoy haciendo mejor uso de mis dones y correspondiendo a la gracia de Dios. En uno de los capítulos cuento cómo un cliente identificó mi don de servicio. Si me negara a ayudar a tanta gente que acude a mí, estaría perdiendo la gracia de Dios. A veces reniego de mi trabajo, simplemente porque no me da paz, pero cuando medito a luz de lo que Dios quiere de mí, me doy cuenta de que desde mi posición puedo ayudar a muchas personas.

Me caracterizo de ser una persona alegre. Uso ese don para levantar el ánimo a la persona desesperanzada que encuentre en mi camino. Me gusta bailar. Antes de la pandemia, llevaba música a la oficina todos los viernes. Bailábamos antes de comenzar a trabajar. Hasta los clientes se conectaban con esa energía renovadora e inesperada en una oficina del gobierno. En una ocasión, salió un señor a bailar. Cuando la música terminó, nos contó que se dirigía a su primera quimioterapia y que la alegría que le trasmitíamos lo hizo cambiar su perspectiva de la vida. Unos meses después regresó y nos contó que seguía en tratamiento, pero cuando se sentía deprimido miraba su video bailando y recuperaba su esperanza. Hace un año regresó a agradecer y cuál fue mi sorpresa cuando nos contó que estaba completamente recuperado. Sentí plenitud.

A veces no sabemos a quién vamos a impactar cuando ponemos nuestros dones al servicio de los demás.

ORACIÓN

Señor, derrama tu Santo Espíritu sobre mí para que siempre tenga la disposición de poner mis dones al servicio de mis hermanos.

Mi reflexión

DÍA 32
SIERVO DE DIOS

«El patrón le contestó: Muy buen, servidor bueno y honrado; ya que has sido fiel en lo poco, yo te voy a confiar mucho más. Ven a compartir la alegría de tu patrón.»
Mateo 25:21

En la introducción de este libro expliqué que mis reflexiones son respuestas a las preguntas que Rick Warren hace a cada lector en su libro Una vida con propósito. A través del libro, Rick nos guía a una meditación profunda y concreta para ayudarnos a descubrir nuestro propósito en la vida. Él nos devela las seis características de los siervos: prestan atención a las necesidades, hacen lo mejor con lo que tienen, cumplen sus tareas con la misma dedicación, son fieles a su ministerio y mantienen un bajo perfil. Todas estas constituyen un desafío para los siervos de Dios.

En capítulos anteriores, hablé sobre la disponibilidad. Si no estamos prestos a dar el sí al llamado de Dios, nuestro compromiso al servicio será inmaduro. Prestar atención a las necesidades es salirse de su entorno. En ocasiones, vivimos en una urna de cristal sin saber lo que sucede a nuestro alrededor. Los siervos buscan opciones y dan soluciones con los recursos que poseen, cumpliendo su misión con amor.

La humildad es desafiante. Mantenerse en el anonimato es tarea difícil. Para mí es un reto mantener el bajo perfil. A veces el ego me supera y quiero que el mundo sepa lo que estoy haciendo. El Señor dijo: «Cuando des limosna, que no sepa tu mano izquierda lo que hace tu derecha» (Mateo 6:3).

En días pasados, una compañera de trabajo me comentó que se había sorprendido cuando le dijeron que yo era escritora y que mantenía un proyecto en la comunidad para niños.

—Nunca imaginé que detrás de ti se escondiera tanto talento; te veo tan humilde.

Lo que quiere decir que en el ambiente laboral mantengo un perfil bajo. Pero esa no es la idea, la idea es mantener la humildad a cada momento.

ORACIÓN

Señor, enséñame a ser humilde como tú lo eres.

Mi reflexión

DÍA 33
SERVIDOR DE TODOS

«Entonces se sentó, llamó a los Doce y le dijo:
Si alguno quiere ser el primero, que se haga el último y
el servidor de todos.»
Marcos 9:35

El servicio implica dedicación y entrega. La entrega debe ser incondicional. El servicio deja de ser auténtico cuando esperamos algo a cambio. Jesús lo dejó bien claro a sus discípulos: para ser el primero hay que convertirse en servidor de todos. En la última cena, el Señor, al lavar los pies de sus discípulos, nos enseñó el significado del servicio y del perdón. Siendo el Hijo de Dios, se mostró como el que sirve.

De estar dispuesto a servir he aprendido mucho de mi amiga Flavia, una mujer sencilla y trabajadora. Nuestra amistad comenzó en la iglesia, pertenecíamos a la misma comunidad. Flavia siempre ha entendido lo que es vivir en comunidad. A raíz de mi operación de rodillas, se volvió más cercana a mí. Viendo mi necesidad, que estaba sola y que apenas tenía quien me hiciera nada, se me acercó y me brindó su ayuda. En pocas palabras me dijo:

—Sabes que no puedo conducir, pero me comprometo con lo mejor que sé hacer.

Desde ese día, comenzó a ir a casa y me hacía la limpieza. Nunca aceptó un centavo. Después de ocho años, continúa yendo a casa y me ayuda con la limpieza. Su filosofía es bien simple, ella cree que si me cobra, pierde la bendición. Además, es el único momento que tenemos para estar juntas y ponernos al día. Para mí ha sido una bendición encontrar a alguien como Flavia en mi camino. Además de que he aprendido de su entrega incondicional.

Para no quedar en la posición de ser servido únicamente, trato de ser recíproca con las personas que necesitan de mi ayuda. De esta manera no me quedo en la posición del que recibió el servicio, sino que llevo esa bendición a otros. Aprovecha las oportunidades de servicio que te regala Dios.

ORACIÓN

Señor, que el servicio a mis hermanos nazca de mi amor a ti y no del egoísmo humano.

Mi reflexión

DÍA 34
FUERTES EN EL SEÑOR

«Por eso acepto con gusto lo que me toca vivir con Cristo:
enfermedades, humillaciones, necesidades, persecuciones y
angustias. Pues si me siento débil,
entonces es cuando soy fuerte.»
2 Corintios 12:10

En ocasiones, mis reacciones llegan a herir a las personas que están a mi alrededor. Reconozco que es porque soy poco prudente, así lo he dicho en capítulos anteriores. Hablo sin antes pensar lo que voy a decir. Esta es la debilidad que limita el poder de Dios en mi vida. Cuando no reconocía y ocultaba mi debilidad, mi relación con Dios y con mis hermanos se veía afectada.

Como el apóstol, me he hecho fuerte, porque he puesto mis debilidades en manos de Cristo. Él ha trabajado en mí para corregir y dar fortaleza. Es un proceso que lleva tiempo, pero en Sus manos estoy. En mi posición de líder dentro de una empresa, me ha tocado orientar y guiar a mis compañeros de trabajo partiendo de mi debilidad. No ha sido una tarea fácil tener que corregir sin hacer sentir mal al otro. Pero cuando lo hago desde el amor, me configuro con Cristo Jesús.

Por otra parte, cuando me dejo llevar por el ego, me olvido de practicar la corrección fraterna y en ocasiones soy inflexible. Esto me ha llevado a ser criticada fuertemente. Lo he dicho anteriormente, el ser humano es despiadado a la hora de criticar. Nos cuesta ver el lado positivo de las personas. Cuando cometes un error, eso tiene más peso que lo positivo que puedas tener como persona, más aún si eres cristiano. El único que entenderá muestra miseria humana es Dios. Con Él hay que configurarse para llevar nuestras penas y angustias. Sé que el Señor me mira con misericordia y perdona mis arrebatos. Él es el único que me fortalece porque no me juzga despiadadamente, sino con amor. No soy perfecta, no somos perfectos, pero cuando nos configuramos con Cristo nuestras debilidades desaparecen.

ORACIÓN

Señor, que mis debilidades nunca afecten mi relación contigo y con mis hermanos.

Mi reflexión

DÍA 35
MI LLAMADO

«Y les dijo: Vayan por todo el mundo y anuncien la Buena Nueva a toda la creación.»
Marcos 16:15

Una de las frases del papa Juan Pablo II que más me motiva es aquella que nos insta a no tener miedo. El miedo y el temor a ser criticado es una de las razones principales del porque los cristianos no anunciamos el evangelio. Siempre he admirado a los hermanos Testigos de Jehová por su valentía de salir a las calles a predicar. Ellos, sin duda, predican a tiempo y a destiempo. ¡Tanto valor nos falta a muchos cristianos!

Reconozco que estoy llamada a una misión. Lo que me detiene para cumplirla es el miedo de salir de mi área de confort. Por otra parte, el temor a ser rechazada es una de las causas que me detiene a hablarles a otros de la buena nueva. Para vencer estos temores me ha ayudado mucho el ser coherente con mis creencias. Mi testimonio ha llevado a muchos a preguntarme si soy cristiana, lo que me abre una puerta para dar a conocer el evangelio.

Vivir mi vocación como soltera en un mundo donde la mujer es tratada como un objeto sexual, es un testimonio para muchos. La fidelidad a este llamado se fortalece con la oración. Es todo un verdadero reto porque la tentación siempre está presente. Con esto quiero decir que no hay mejor manera de predicar que con el testimonio de vida.

El propósito de este libro es llevar un mensaje de fe. Si ese mensaje llega a transformar tu vida, yo estaré entonces cumpliendo con mi llamado, ese llamado que lleva a anunciar la buena nueva usando el talento que Dios me ha dado. Espero que tú, amigo lector, uses tus talentos para cumplir con tu llamado y llevar también un mensaje de fe a tus hermanos.

ORACIÓN

Señor, te pido que me fortalezcas para que nunca me falte el valor de anunciar la buena nueva.

Mi reflexión

DÍA 36
DANDO TESTIMONIO

«Pero recibirán la fuerza del Espíritu Santo cuando venga sobre ustedes, y serán mis testigos en Jerusalén, en toda Judea, en Samaria y hasta los extremos de la tierra.»
Hechos 1:8

Como discípulos de Cristo estamos llamados a dar testimonio. Nuestro testimonio de vida debe ser coherente con las enseñanzas de Jesús. Dar testimonio no es más que contar cómo Dios ha actuado en nuestras vidas. En este sentido, nuestra historia personal debe llevar como mensaje de lo que Jesús hizo en nuestras vidas. Este debe ser nuestro testimonio de fe; y Dios quiere que se lo cuentes al mundo para Su gloria.

Nunca me ha gustado contar mi propia historia. Pero hace muy poco decidí escribirlo al descubrir el bien que podía hacer a otras mujeres. Hoy es parte del libro *Testimonio de fe: Su victoria en mí*, de la Editorial Güipil, donde un grupo de mujeres cristianas dan su testimonio de fe. Las mujeres que han leído mi testimonio se han sentido identificadas con él. Ellas, como yo, han experimentado que Dios nunca nos ha soltado de la mano porque «el Señor es nuestro refugio».

Dar testimonio de fe es hablar de Aquel que nos ama sobre todas las cosas. Cuando nos enamoramos, no dejamos de platicar de esa persona que trae alegría a nuestro corazón; de esa manera, damos testimonio de alguien que en algún momento nos va a fallar porque no es un ser perfecto. Dios nunca nos fallará y no tenemos el valor de dar testimonio de Él. Dios nos regala cosas maravillosas cada día. El simple hecho de levantarnos y respirar aire puro es un regalo inigualable. Esos pequeños detalles que pasan desapercibidos, vienen del Señor. ¿Por qué no hablar de ellos? ¿Sabes cuántas personas podrán convertirse al Señor con un simple testimonio de fe? Sigue el ejemplo de los apóstoles y no tengas miedo de contar tu historia; siempre habrá alguien que se sentirá identificado con ella.

ORACIÓN

Derrama, Señor, tu Santo Espíritu sobre mí, para que nunca desfallezca en dar mi testimonio de fe.

Mi reflexión

DÍA 37
ALMA MISIONERA

«Miren que los envío como ovejas en medio de lobos:
sean, pues, precavidos como serpiente,
pero sencillos como la paloma.»
Mateo 10:16

¿Te ha sucedido que cuando descubres algo nuevo sales corriendo a enseñárselo a todos tus amigos? El afán nos gana. Con las cosas del Señor sucede lo mismo. Tenemos ese encuentro personal con Él hoy y ya queremos cruzar el océano para contárselo a otros. A veces queremos tener experiencias misioneras más allá de nuestro entorno, cuando en realidad nos toca ser misioneros en nuestra propia realidad. ¿Por qué ir a la selva si nuestro entorno necesita más de Dios?

Rick Warren, en su libro, nos invita a ser cristianos de clase mundial. Esto no es más que correr la milla extra y vivir con autenticidad las enseñanzas de Jesús. Para ser misioneros no necesitamos salir en expedición. Te conviertes en misionero cuando te unes en oración por la necesidad de la Iglesia, por los cristianos perseguidos, por los países en guerra. Santa Teresita del Niño de Jesús nunca salió de su celda de clausura y hoy es conocida, dentro de la Iglesia católica, como patrona de las misiones porque tenía alma misionera.

Cada día el Señor nos regala ocasiones que nos dan la oportunidad de ser misioneros en nuestro propio entorno. A raíz de la pandemia, la señora que estaba a cargo del edificio en el que vivo, terminó deambulando en las calles. Los vecinos se alegraron de su situación porque ella había sido muy injusta y cruel con ellos, también lo había sido conmigo. Pero lo que me diferenciaba de mis vecinos es que yo soy cristiana. Así que, en lo que estuvo a mi alcance, ayudé a aquella mujer sin tener en cuenta lo mal que me había tratado en el pasado.

Cuando nos configuramos con el Señor nos hacemos misioneros. Reflexiona en pequeñas acciones que puedas hacer que te conviertan en un cristiano de clase mundial.

ORACIÓN

Señor, dame alma misionera y llévame donde los hombres necesiten más de ti.

Mi reflexión

DÍA 38
SER COHERENTE

«Toda Escritura está inspirada por Dios y es útil para enseñar, rebatir, corregir y guiar.»
2 Timoteo 3:16

Rick Warren, en su libro *Una vida con propósito*, nos regala los cuatro hábitos más importantes para vivir una vida con propósito. Cultivarlos nos ayuda a nuestro crecimiento espiritual. Warren nos incita a no crecer solos. El camino espiritual no se hace solo, se crece en comunidad. Jesús dijo: «Donde dos o tres se reúnen en mi nombre, allí estoy yo» (Mateo 18:20). Cuando creces en grupo, los integrantes de ese grupo oran unos por otros, se fortalecen con sus experiencias y consejos; en fin, te acompañan en tu proceso.

Evaluar nuestra vida espiritual con regularidad es otro de los consejos de Warren. Contar con un director espiritual ha sido de mucha ayuda en mi crecimiento en los momentos de crisis espiritual. El examen de conciencia, aunque a muchos no les atrae, es una excelente manera de autoanalizar cómo va tu vida espiritual. Muchos se sorprenderán cuantas bendiciones trae una buena confesión. Muchos santos vivieron lo que llamaron «la noche oscura del alma»; solo pudieron salir de allí a través de la oración constante y con la ayuda de un guía espiritual.

Escribir los progresos en un diario es otro del hábito a cultivar. Este ha sido el que he comenzado. Este libro es el fruto de cuarenta días de reflexión. Mi motivación de comenzar como un pequeño diario de mis reflexiones va llevada por la misión de llevar un mensaje a otros a través de la escritura. Cultivando a la vez, el último y cuarto hábito que es enseñar a otros. Todo esto en beneficio de mis hermanos para mayor gloria de Dios.

Dejaría de ser coherente si mi vida no reflejara el mensaje de este libro. Ser coherentes es responder al llamado de ser luz en el mundo.

ORACIÓN

Señor, tú que mantienes el equilibrio y el orden. Concédeme la gracia de poder mantener el balance en mi vida de manera que pueda ser coherente.

Mi reflexión

DÍA 39
EL PLAN DE DIOS

«Pues sus proyectos no son los míos, y mis caminos no son los mismos de ustedes, dice Yahvé.»
Isaías 55:8

Seguramente has escuchado el refrán que dice: «El hombre propone y Dios dispone». No importa lo que planeemos en nuestras vidas, ya el Señor nos creó con un propósito. Así que agradece cuando las cosas salgan mal, porque han de salir como quiere Dios.

Warren, en su libro, nos lleva de la mano para reflexionar sobre las cinco grandes preguntas de la vida:

¿Cuál será el centro de mi vida?
Si a este punto de este libro te sigues teniendo como el centro de tu vida, te digo que estás mal. No eres el ombligo del mundo. Cuando nuestra vida gira en torno a Dios, nos sensibilizamos con nuestros hermanos, nos hacemos más humanos.

¿Cuál será el carácter de mi vida?
Dominar el carácter lleva tiempo y espera. Quiero tener un carácter dócil como el de Jesús y dejar atrás mis arrebatos y mi carácter airado.

¿Cuál será la contribución de mi vida?
Este libro es un granito de arena en mi contribución a la gran familia de Dios. El Señor pondrá muchas oportunidades para que yo contribuya al bienestar de mis hermanos, pero en el aquí y ahora puedo contribuir llevando mi mensaje a través de este libro. Espero que llegue a muchas generaciones.

¿Cuál será la comunicación de mi vida?
El hombre ha dado pasos gigantescos al descubrir nuevas formas de comunicarse. Hoy se evangelizan comunidades a través de Internet. Pero para llevar el mensaje del evangelio a otros, basta mi propio testimonio de vida.

¿Cuál será la comunidad de vida?
Yo escojo la gran familia de Dios. Mostrar empatía y amor hará que mis hermanos se acerquen y busquen conocer a Dios.

Mi propósito de vida es vivir mi vida centrada en Dios y llevar una vida de servicio, desde el amor, en la gran familia de Dios.

ORACIÓN

Señor, que nunca pierda mi centro. Enséñame a ser luz y a amar como tú.

Mi reflexión

DÍA 40

LO QUE ME ALEJA DE MI PROPÓSITO

«El amor es paciente, es bondadoso; el amor no tiene envidia; el amor no es jactancioso, no es arrogante.»
1 Corintios 13:4

La envidia es uno de los siete pecados capitales que nos aleja de nuestro propósito. Los celos, el deseo de tener lo que otro tiene, nos conduce a perder el enfoque en nuestro crecimiento espiritual. Cuando envidiamos a otros dejamos de ser auténticos. Rick Warren nos aclara los cuatro efectos que puede tener la envidia:

«Hace que perdamos nuestra singularidad.» El Señor quiere que seamos como Él nos creó; no dejemos ser auténticos. «Cuando nuestro enfoque nos lleva a envidiar los que otros tienen, perdemos nuestro tiempo empeñándonos a querer ser como el otro.» De esta manera agotamos nuestras energías en algo que nunca será para la mayor gloria de Dios. «La envidia nos deja insatisfechos.» Nunca estaremos felices con lo que tenemos cuando la envidia es el centro de nuestras vidas. Por último, «la envidia nos lleva a cometer otros pecados». La envidia corroe y enferma. Muchas son las tragedias que han sucedido a causa de este pecado capital.

Cuando nos centramos en Dios, la envidia no encuentra espacio. Muchas veces la enemistad aparece cuando hay indicios de celos o de envidia.

Me considero una persona trabajadora. Los que me conocen saben que soy de las primeras en llegar al trabajo. Me esfuerzo tanto que a veces mi salud se ve perjudicada. En doce años trabajando para el departamento, he recibido un solo reconocimiento. Nunca me ha parecido justo que otras personas sean reconocidas frecuentemente sin esforzarse lo mínimo. Opinar que no es justo, no está mal, es verdad. Pero cuando dejo que la polilla de la envidia me vea comparándome con otros, reconociendo sus defectos en lugar de alegrarme de sus logros, estoy dejándome llevar por la envidia. Una actitud, desde el amor, me llevaría a felicitar a la otra persona y a alegrarme por sus éxitos.

ORACIÓN

Señor, no permitas que la envidia corroa mi alma, antes bien lléname de tu amor y que mi actuar sea acorde con el fruto del Espíritu.

Mi reflexión

CONCLUSIÓN

SÉ FELIZ

«Hagan su trabajo con empeño,
por el Señor y no por los hombres.»
Efesios 6:7

Diariamente debo enfrentarme a distintos tipos de clientes. He tenido que aprender a discernir y a tener audición selectiva. No siempre puedo complacer a todos. Estoy consciente que tendré clientes satisfechos e insatisfechos. Así mismo es la vida, tendrás quien te halague por tus actos y quien te critique por ellos. A este punto de mi vida, la opinión de la gente me interesa muy poco.

Fui criada en una cultura en la que hasta el vecino se siente con derechos de dar su opinión sobre tu vida privada: «No hagas eso, ¿qué dirá la gente?»; «No te pongas ese vestido, fíjate Olga cómo te mira». Al llegar a Estados Unidos, el choque cultural fue grande. Acá todo el mundo vive su mundo. Los cubanos dirían: «Los americanos no están en nada». No es que vivan la vida con descuido, sino que están enfocados en sus propias vidas.

Tras vivir experiencias fuertes, muchas de ellas con el acompañamiento de pocas personas, puedo decir que la opinión que más me interesa es la de Dios. Al fin y cal cabo, Él será quien juzgará mis acciones. La aprobación de la gente me importa un bledo. Todo lo que hago es para gloria del Señor, no por los hombres. A mi edad, lo que más me importa es ser feliz y vivir la vida a plenitud. La opinión de la gente la he dejado en un segundo plano. Simplemente no me interesa.

Cuando vives una vida centrada en Dios, te olvidas del que dirán los demás. «Deja que hable la gente» dice la letra de una canción. Yo le agregaría: «Y sé feliz». El apego al qué dirán trae infelicidad y descontento. Mi consejo es que seas feliz, Dios no va a dejar de amarte a pesar de lo que hagas.

ORACIÓN

Señor, que nunca deje de centrar mi vida en ti, que cada cosa que haga sea para tu gloria y no para gloria de los hombres. Amén.

Mi reflexión

ACERCA DE LA AUTORA

Ana Yaheli Sánchez Quesada nació en Matanzas, Cuba. Ella tiene un grado asociado en psicología del Miami Dade College en La Florida. Trabajó 5 años como maestra en escuela primaria en Cuba. Ella comenzó la fundación sin fines de lucro "Reciclando Sueños" parte de la inspiración para este libro.

Ella vive en Miami, FL desde el año 2005. Ella es miembro destacado de la Academia Güipil de escritoras y líder de la *Comunidad Mujer Valiosa*.

Ana Yaheli Sánchez Quesada
Instagram: @recyclingdreamsfoundation
Yaheli0420@yahoo.com

NOTAS

NOTAS